The Magic of Berlin: Short Stories in German for Beginners

Artici Bilingual Books

Published by Artici Bilingual Books, 2024.

THE MAGIC OF BERLIN: SHORT STORIES IN GERMAN FOR BEGINNERS

First edition. March 28, 2024.

Copyright © 2024 Artici Bilingual Books.

ISBN: 979-8224595488

Written by Artici Bilingual Books.

Table of Contents

Die Magie der Mauer

Es war einmal eine junge Frau namens Anna, die in Berlin lebte. Sie arbeitete in einem kleinen Buchladen in der Nähe des berühmten Brandenburger Tors. Jeden Morgen machte sie sich auf den Weg zur Arbeit, durch die belebten Straßen und vorbei an den historischen Gebäuden der Stadt.

Eines Tages, als Anna gerade den Laden öffnete, bemerkte sie etwas Seltsames. An der Wand gegenüber des Ladens erschien plötzlich ein Riss. Es sah aus, als wäre die Mauer, die einst Berlin teilte, wieder zum Leben erwacht.

Anna war neugierig und trat näher an den Riss heran. Plötzlich spürte sie eine starke Kraft, die sie anzog. Sie wagte es, ihre Hand durch den Riss zu strecken, und fühlte, wie sie in eine andere Welt gezogen wurde.

Als Anna die Augen öffnete, fand sie sich in einer anderen Zeit wieder. Sie stand auf einer belebten Straße, aber die Gebäude und die Menschen um sie herum sahen ganz anders aus. Es war, als wäre sie in die Vergangenheit gereist.

Verblüfft wanderte Anna durch die Straßen von Berlin, die ihr so vertraut und doch so fremd erschienen. Sie begegnete Menschen, die in alten Kleidern gekleidet waren und Pferdekutschen fuhren. Es war, als wäre sie in einem Märchen gelandet.

Doch dann erkannte Anna, dass diese Welt nicht nur eine Illusion war. Sie spürte die Kälte des Pflasters unter ihren Füßen und roch den Rauch der alten Laternen. Diese Welt war real, und sie war ein Teil davon.

Doch je mehr Anna über diese Welt erfuhr, desto mehr sehnte sie sich nach ihrer eigenen Zeit zurück. Sie vermisste ihre Freunde und ihre Familie, und sie sehnte sich nach den Annehmlichkeiten des modernen Lebens.

Eines Tages, als Anna durch die Straßen von Berlin wanderte, entdeckte sie erneut den Riss in der Mauer. Sie wusste, dass dies ihre Chance war, in ihre eigene Zeit zurückzukehren.

Mit einem letzten Blick auf die vergangene Welt trat Anna durch den Riss und fand sich wieder vor dem Buchladen in der Gegenwart. Sie lächelte, als sie die vertrauten Geräusche der Stadt hörte und das moderne Leben um sich herum sah.

Anna wusste, dass sie eine unglaubliche Reise gemacht hatte, aber sie war froh, wieder zu Hause zu sein. Sie schloss den Laden auf und bereitete sich darauf vor, ihre eigene Geschichte über die Magie der Mauer zu schreiben.

The Magic of the Wall

Once upon a time, there was a young woman named Anna who lived in Berlin. She worked in a small bookstore near the famous Brandenburg Gate. Every morning, she made her way to work, through the bustling streets and past the city's historic buildings.

One day, as Anna was opening the store, she noticed something strange. A crack appeared on the wall opposite the store. It looked as if the wall that once divided Berlin had come back to life.

Anna was curious and stepped closer to the crack. Suddenly, she felt a strong force pulling her in. She dared to stretch her hand through the crack and felt herself being drawn into another world.

When Anna opened her eyes, she found herself in a different time. She stood on a busy street, but the buildings and the people around her looked completely different. It was as if she had traveled back in time.

Amazed, Anna wandered through the streets of Berlin, which seemed so familiar yet so strange to her. She encountered people dressed in old clothes and horse-drawn carriages. It was like being in a fairy tale.

But then Anna realized that this world was not just an illusion. She felt the coldness of the cobblestones under her feet and smelled the smoke from the old lanterns. This world was real, and she was a part of it.

But the more Anna learned about this world, the more she longed to return to her own time. She missed her friends and family, and she yearned for the comforts of modern life.

One day, as Anna wandered through the streets of Berlin, she discovered the crack in the wall once again. She knew that this was her chance to return to her own time.

With one last look at the past world, Anna stepped through the crack and found herself back outside the bookstore in the present. She smiled as she heard the familiar sounds of the city and saw the modern life around her.

Anna knew that she had made an incredible journey, but she was glad to be home again. She unlocked the store and prepared to write her own story about the magic of the wall.

Die Reise des verlorenen Geistes

In einer kleinen Stadt lebte ein Mann namens Jonas. Er fühlte sich oft verloren und wusste nicht, wohin sein Leben ihn führen würde.

Jeden Tag ging er denselben Weg zur Arbeit, durch die engen Gassen und über die belebten Plätze der Stadt. Er sah die Menschen um sich herum, aber fühlte sich doch einsam und isoliert.

Eines Abends, als Jonas nach Hause ging, bemerkte er einen alten Buchladen, den er noch nie zuvor gesehen hatte. Neugierig trat er ein und wurde von einem merkwürdigen Geruch von vergilbtem Papier und altem Leder begrüßt.

Der Ladenbesitzer, ein alter Mann mit einem freundlichen Lächeln, begrüßte Jonas und lud ihn ein, sich umzusehen. Jonas stöberte durch die Regale voller Bücher und fühlte sich auf seltsame Weise angezogen von ihrer Präsenz.

Plötzlich fiel ihm ein altes Buch ins Auge, das auf einem verstaubten Regal lag. Es hatte einen abgenutzten Einband und vergilbte Seiten, aber Jonas spürte, dass es etwas Besonderes war.

Er öffnete das Buch und begann zu lesen. Die Worte zogen ihn sofort in ihren Bann und er fühlte, wie sein Geist in eine andere Welt eintauchte.

In der Geschichte begleitete Jonas einen einsamen Reisenden auf einer abenteuerlichen Reise durch ferne Länder und mystische Welten. Er erlebte spannende Abenteuer und traf auf faszinierende Charaktere, die ihm halfen, seinen Weg zu finden.

Als Jonas das Buch schließlich schloss, fühlte er eine tiefe Ruhe in sich. Er hatte das Gefühl, dass ihm die Geschichte eine wichtige Botschaft übermittelt hatte, aber er konnte sie noch nicht ganz verstehen.

In den nächsten Tagen kehrte Jonas immer wieder in den Buchladen zurück und las das Buch von vorne bis hinten. Jedes Mal entdeckte er etwas Neues und fühlte, wie sein Geist sich öffnete und neue Horizonte entdeckte.

Eines Tages, als er das Buch gerade wieder las, hörte Jonas eine Stimme hinter sich. Er drehte sich um und sah den Ladenbesitzer, der ihn freundlich anlächelte.

"Du scheinst das Buch sehr zu mögen", sagte der alte Mann. "Es hat eine besondere Bedeutung für dich, nicht wahr?"

Jonas nickte nachdenklich. "Ja, es fühlt sich an, als ob es mir eine wichtige Botschaft übermittelt, aber ich kann sie noch nicht ganz verstehen."

Der Ladenbesitzer lächelte und legte eine Hand auf Jonas' Schulter. "Manchmal müssen wir uns selbst verlieren, um uns selbst zu finden", sagte er mit leiser Stimme. "Die Reise des verlorenen Geistes ist eine Metapher für das Leben selbst. Indem wir uns verlieren, können wir uns selbst finden."

Jonas spürte, wie seine Augen sich öffneten, und er erkannte die Wahrheit in den Worten des alten Mannes. Er verstand jetzt, dass seine Suche nach einem Sinn im Leben Teil eines größeren Prozesses war.

Mit einem dankbaren Lächeln verabschiedete sich Jonas vom Ladenbesitzer und verließ den Buchladen. Er fühlte sich leichter und freier als je zuvor, denn er wusste, dass er auf dem richtigen Weg war, sich selbst zu finden.

Seitdem hat Jonas sein Leben in vollen Zügen genossen. Er hat gelernt, die kleinen Freuden des Alltags zu schätzen und jeden Moment zu genießen. Und obwohl er manchmal immer noch verloren ist, weiß er jetzt, dass der Weg, den er geht, ihn zu sich selbst führen wird.

The Journey of the Lost Spirit

In a small town lived a man named Jonas. He often felt lost and didn't know where his life would lead him.

Every day, he walked the same path to work, through the narrow streets and bustling squares of the town. He saw the people around him, but still felt lonely and isolated.

One evening, as Jonas was walking home, he noticed an old bookstore that he had never seen before. Curious, he entered and was greeted by a strange smell of yellowed paper and old leather.

The shopkeeper, an old man with a friendly smile, welcomed Jonas and invited him to look around. Jonas browsed through the shelves full of books and felt strangely drawn to their presence.

Suddenly, an old book caught his eye, lying on a dusty shelf. It had a worn cover and yellowed pages, but Jonas felt that it was something special.

He opened the book and began to read. The words immediately captivated him, and he felt his mind being drawn into another world.

In the story, Jonas accompanied a lonely traveler on an adventurous journey through distant lands and mystical worlds. He experienced exciting adventures and met fascinating characters who helped him find his way.

When Jonas finally closed the book, he felt a deep sense of peace within him. He felt that the story had conveyed an important message to him, but he couldn't quite understand it yet.

In the following days, Jonas returned to the bookstore again and again, reading the book from cover to cover. Each time, he discovered something new and felt his mind opening up to new horizons.

One day, as he was reading the book again, Jonas heard a voice behind him. He turned around and saw the shopkeeper, who was smiling kindly at him.

"You seem to like the book very much," said the old man. "It seems to have a special meaning for you, doesn't it?"

Jonas nodded thoughtfully. "Yes, it feels like it's conveying an important message to me, but I can't quite understand it yet."

The shopkeeper smiled and placed a hand on Jonas' shoulder. "Sometimes we have to lose ourselves to find ourselves," he said softly. "The journey of the lost spirit is a metaphor for life itself. By losing ourselves, we can find ourselves."

Jonas felt his eyes opening, and he realized the truth in the old man's words. He now understood that his search for meaning in life was part of a larger process.

With a grateful smile, Jonas bid farewell to the shopkeeper and left the bookstore. He felt lighter and freer than ever before because he knew he was on the right path to finding himself.

Since then, Jonas has enjoyed his life to the fullest. He has learned to appreciate the small joys of everyday life and to savor every moment. And although he sometimes still feels lost, he now knows that the path he is on will lead him to himself.

Eine Nacht in Berlin

Es war eine kalte Nacht in Berlin. Der Himmel war klar, und der Mond leuchtete hell über der Stadt. In einer kleinen Bar in Kreuzberg saß ein Mann namens Jens. Er trank langsam sein Bier und beobachtete das Treiben um sich herum.

Jens war ein einfacher Mann, der sein Leben in den Straßen von Berlin verbracht hatte. Er kannte jeden Winkel der Stadt und hatte schon viele Geschichten erlebt. Doch an diesem Abend fühlte er sich einsam und verloren.

Plötzlich betrat eine Frau die Bar. Sie war schön und elegant, mit langen blonden Haaren und einem geheimnisvollen Lächeln. Jens konnte seinen Blick nicht von ihr abwenden, als sie sich an die Bar setzte und einen Martini bestellte.

Die Frau sah Jens an und lächelte. "Kann ich mich zu dir setzen?" fragte sie mit einer sanften Stimme.

Jens nickte und machte Platz für sie neben sich. Die beiden begannen zu reden, und Jens erfuhr, dass ihr Name Emma war. Sie war neu in Berlin und erkundete die Stadt auf eigene Faust.

Während sie sprachen, vergaß Jens für einen Moment seine Einsamkeit. Er fühlte sich lebendig und begeistert von Emmas Geschichten über ihre Abenteuer in Berlin.

Die Stunden vergingen, und die Bar füllte sich mit Menschen. Doch für Jens und Emma gab es nur noch einander. Sie lachten und flirteten miteinander, und es schien, als wäre die Zeit stehen geblieben.

Als die Nacht zu Ende ging, standen Jens und Emma auf, um die Bar zu verlassen. Draußen wartete eine kalte Brise auf sie, aber Jens fühlte sich warm und glücklich.

"Komm mit mir", sagte Emma und nahm Jens' Hand. "Lass uns die Stadt gemeinsam erkunden."

Jens zögerte einen Moment, aber dann lächelte er und folgte ihr durch die Straßen von Berlin. Die beiden schlenderten durch die belebten Straßen, vorbei an den historischen Gebäuden und den pulsierenden Clubs der Stadt.

Sie blieben an der Spree stehen und schauten auf das glitzernde Wasser. Jens spürte eine tiefe Verbindung zu Emma, als ob sie schon immer zusammen gewesen wären.

Plötzlich blieb Emma stehen und sah Jens ernst an. "Ich muss dir etwas sagen", begann sie. "Ich werde morgen früh die Stadt verlassen. Mein Leben führt mich an einen anderen Ort."

Jens' Herz sank bei ihren Worten. Er hatte gehofft, dass diese Nacht nie enden würde, aber jetzt wusste er, dass er Emma bald verlieren würde.

Emma lächelte traurig und legte ihre Hand auf Jens' Wange. "Du wirst immer einen Platz in meinem Herzen haben", flüsterte sie.

Die beiden umarmten sich zum Abschied und versprachen, sich nie zu vergessen. Dann ging Emma ihren Weg, und Jens blieb allein zurück, um den Sonnenaufgang über Berlin zu begrüßen.

Als die ersten Sonnenstrahlen den Himmel erhellten, wusste Jens, dass er diese Nacht niemals vergessen würde.

A Night in Berlin

It was a cold night in Berlin. The sky was clear, and the moon shone brightly over the city. In a small bar in Kreuzberg sat a man named Jens. He slowly drank his beer and observed the hustle and bustle around him. Jens was a simple man who had spent his life in the streets of Berlin. He knew every corner of the city and had experienced many stories. But on this evening, he felt lonely and lost.

Suddenly, a woman entered the bar. She was beautiful and elegant, with long blonde hair and a mysterious smile. Jens couldn't take his eyes off her as she sat down at the bar and ordered a martini.

The woman looked at Jens and smiled. "Can I sit with you?" she asked in a gentle voice.

Jens nodded and made room for her beside him. The two began to talk, and Jens learned that her name was Emma. She was new to Berlin and was exploring the city on her own.

As they talked, Jens momentarily forgot his loneliness. He felt alive and excited by Emma's stories of her adventures in Berlin.

The hours passed, and the bar filled with people. But for Jens and Emma, there was only each other. They laughed and flirted, and it seemed as if time stood still.

As the night came to an end, Jens and Emma stood up to leave the bar. Outside, a cold breeze awaited them, but Jens felt warm and happy.

"Come with me," said Emma, taking Jens' hand. "Let's explore the city together."

Jens hesitated for a moment, but then he smiled and followed her through the streets of Berlin. The two strolled through the bustling streets, past the historic buildings and the vibrant clubs of the city.

They stopped by the Spree and looked out at the sparkling water. Jens felt a deep connection to Emma, as if they had always been together.

Suddenly, Emma stopped and looked at Jens seriously. "I have to tell you something," she began. "I'm leaving the city tomorrow morning. My life is taking me somewhere else."

Jens' heart sank at her words. He had hoped that this night would never end, but now he knew that he would soon lose Emma.

Emma smiled sadly and placed her hand on Jens' cheek. "You will always have a place in my heart," she whispered.

The two embraced goodbye and promised never to forget each other. Then Emma went her way, and Jens was left alone to greet the sunrise over Berlin.

As the first rays of sunlight illuminated the sky, Jens knew that he would never forget this night.

Die Straßen von Berlin

In den Straßen von Berlin lebte ein Mann namens Max. Er war ein einfacher Arbeiter, der sein Leben damit verbrachte, von einem Tag zum nächsten zu leben. Max war nicht reich, aber er war auch nicht arm. Er hatte genug, um über die Runden zu kommen, und das war alles, was er brauchte.

Jeden Morgen wachte Max auf und ging zur Arbeit. Er arbeitete in einer kleinen Fabrik am Rande der Stadt, wo er den ganzen Tag über hart arbeitete, um seine Familie zu unterstützen.

Doch trotz seiner harten Arbeit fühlte sich Max oft unzufrieden. Er sehnte sich nach etwas, das ihm das Gefühl gab, lebendig zu sein, etwas, das seinem Leben einen Sinn gab.

Eines Tages beschloss Max, einen Spaziergang durch die Straßen von Berlin zu machen. Er wollte die Stadt erkunden, die er sein Zuhause nannte, und sehen, ob er dort etwas finden konnte, das sein Herz berührte.

Als Max durch die belebten Straßen von Berlin wanderte, spürte er die Energie und das Leben, die die Stadt durchströmten. Er sah die Menschen, die eifrig ihren Geschäften nachgingen, und hörte die Geräusche der Stadt um sich herum.

Plötzlich sah Max etwas, das seine Aufmerksamkeit auf sich zog. Es war ein kleiner Laden, der am Rand einer versteckten Gasse lag. Die Fenster des Ladens waren mit bunten Blumen und Kunstwerken geschmückt, und Max fühlte sich sofort von ihrer Schönheit angezogen.

Er betrat den Laden und wurde von einem freundlichen alten Mann begrüßt, der dort arbeitete. Der Mann hieß Otto und erzählte Max von den wundersamen Dingen, die er in seinem Laden verkaufte. Es waren Dinge, die nicht käuflich waren, sondern die man nur mit dem Herzen sehen konnte.

Max war fasziniert von den Geschichten, die Otto ihm erzählte, und beschloss, mehr über die Geheimnisse des Ladens zu erfahren. Er begann, regelmäßig vorbeizuschauen, um mit Otto zu sprechen und die Magie des Ladens zu erleben.

Eines Tages, als Max wieder einmal den Laden von Otto besuchte, sah er etwas, das sein Herz zum Singen brachte. Es war ein Gemälde, das die Schönheit der Stadt Berlin in all ihren Facetten einfing. Max fühlte eine tiefe Verbindung zu dem Bild und wusste, dass es etwas Besonderes war.

Er beschloss, das Gemälde zu kaufen und es in seinem Zuhause aufzuhängen, als Erinnerung an die Magie, die er in den Straßen von Berlin gefunden hatte. Von diesem Tag an betrachtete Max sein Leben mit Dankbarkeit und einem neuen Sinn für Abenteuer.

Denn Max hatte gelernt, dass das Glück nicht in fernen Ländern oder großen Träumen zu finden war, sondern direkt vor seiner Haustür, in den Straßen von Berlin. Und er wusste, dass er dort immer eine Heimat finden würde, egal wohin ihn das Leben auch führen mochte.

The Streets of Berlin

In the streets of Berlin lived a man named Max. He was a simple worker who spent his life living from one day to the next. Max was not rich, but he was not poor either. He had enough to get by, and that was all he needed.

Every morning, Max woke up and went to work. He worked in a small factory on the outskirts of the city, where he worked hard all day to support his family.

But despite his hard work, Max often felt dissatisfied. He longed for something that made him feel alive, something that gave his life meaning.

One day, Max decided to take a walk through the streets of Berlin. He wanted to explore the city he called home and see if he could find something there that touched his heart.

As Max wandered through the bustling streets of Berlin, he felt the energy and life flowing through the city. He saw the people bustling about their business eagerly, and heard the sounds of the city around him.

Suddenly, Max saw something that caught his attention. It was a small shop located at the edge of a hidden alley. The windows of the shop were adorned with colorful flowers and artworks, and Max was immediately drawn to their beauty.

He entered the shop and was greeted by a friendly old man who worked there. The man's name was Otto, and he told Max about the miraculous things he sold in his shop. They were things that could not be bought, but could only be seen with the heart.

Max was fascinated by the stories Otto told him, and decided to learn more about the secrets of the shop. He began to visit regularly, to talk with Otto and experience the magic of the shop.

One day, as Max visited Otto's shop again, he saw something that made his heart sing. It was a painting that captured the beauty of the city of Berlin in all its facets. Max felt a deep connection to the painting and knew that it was something special.

He decided to buy the painting and hang it in his home, as a reminder of the magic he had found in the streets of Berlin. From that day on, Max viewed his life with gratitude and a new sense of adventure.

Because Max had learned that happiness was not found in distant lands or big dreams, but right on his doorstep, in the streets of Berlin. And he knew that he would always find a home there, no matter where life took him.

Der Fremde

In den Straßen von Berlin wanderte ein Fremder, ein Mann namens Karl. Er war neu in der Stadt und kannte niemanden. Sein Gesicht war von einem Ausdruck der Einsamkeit gezeichnet, während er durch die belebten Straßen schlenderte.

Karl war auf der Suche nach einem Ort, an dem er sich zu Hause fühlen konnte, aber die fremden Gesichter und die hektische Atmosphäre der Stadt machten es ihm schwer, anzukommen. Er sehnte sich nach einem Anker, einer Verbindung zu dieser Stadt, die er sein neues Zuhause nennen wollte.

Eines Tages, als Karl durch einen Park in Berlin spazierte, hörte er eine Stimme hinter sich. Er drehte sich um und sah eine junge Frau, die ihn mit freundlichen Augen ansah.

"Entschuldigung, ich habe bemerkt, dass du neu hier bist", sagte die Frau. "Kann ich dir helfen, dich zurechtzufinden?"

Karl war überrascht von der Freundlichkeit der Frau und nickte dankbar. Sie stellte sich als Anna vor und bot an, ihm die Stadt zu zeigen.

So begann eine unerwartete Freundschaft zwischen Karl und Anna. Sie führte ihn durch die Straßen von Berlin, zeigte ihm ihre Lieblingsorte und erzählte ihm von der Geschichte der Stadt.

Mit der Zeit begann Karl, sich in Berlin zu Hause zu fühlen. Er entdeckte versteckte Cafés, bunte Märkte und ruhige Plätze, an denen er seine Gedanken sammeln konnte. Und überall, wohin er ging, war Anna an seiner Seite, seine Führerin und Freundin in dieser neuen Welt.

Doch trotz der Freude, die Anna ihm brachte, spürte Karl noch immer eine Leere in seinem Herzen. Er sehnte sich nach einer tieferen Verbindung zu dieser Stadt, nach einem Ort, an dem er wirklich angekommen sein konnte.

Eines Nachts, als Karl allein durch die Straßen von Berlin wanderte, sah er eine Gruppe von Menschen, die sich um ein Lagerfeuer versammelt hatten. Neugierig trat er näher und hörte, wie sie Lieder sangen und Geschichten erzählten.

Plötzlich erkannte Karl, dass dies der Ort war, nach dem er gesucht hatte. Hier, umgeben von fremden Menschen und doch verbunden durch das Feuer und die Musik, fühlte er sich endlich zu Hause.

Er setzte sich zu der Gruppe und begann, sich zu entspannen. Er sang Lieder, hörte Geschichten zu und fühlte, wie die Leere in seinem Herzen allmählich verschwand.

Als die Sonne über den Horizont stieg und ein neuer Tag in Berlin anbrach, wusste Karl, dass er nicht länger ein Fremder war. Er hatte eine Familie gefunden, eine Gemeinschaft von Menschen, die ihn akzeptierten, so wie er war.

Und während er durch die Straßen von Berlin wanderte, fühlte Karl eine tiefe Dankbarkeit für diese Stadt, die ihm ein neues Zuhause gegeben hatte, und für die Menschen, die ihm geholfen hatten, seinen Platz in ihr zu finden.

The Stranger

In the streets of Berlin wandered a stranger, a man named Karl. He was new to the city and knew no one. His face was marked by an expression of loneliness as he strolled through the bustling streets.

Karl was searching for a place to call home, but the unfamiliar faces and the hectic atmosphere of the city made it difficult for him to settle in. He longed for an anchor, a connection to this city that he wanted to call his new home.

One day, as Karl walked through a park in Berlin, he heard a voice behind him. He turned around and saw a young woman looking at him with friendly eyes.

"Excuse me, I noticed you are new here," said the woman. "Can I help you find your way around?"

Karl was surprised by the woman's kindness and nodded gratefully. She introduced herself as Anna and offered to show him around the city.

Thus began an unexpected friendship between Karl and Anna. She led him through the streets of Berlin, showing him her favorite places and telling him about the city's history.

Over time, Karl began to feel at home in Berlin. He discovered hidden cafes, colorful markets, and quiet places where he could gather his thoughts. And wherever he went, Anna was by his side, his guide and friend in this new world.

But despite the joy Anna brought him, Karl still felt a void in his heart. He longed for a deeper connection to this city, for a place where he could truly belong.

One night, as Karl wandered alone through the streets of Berlin, he saw a group of people gathered around a bonfire. Curiously, he approached and heard them singing songs and telling stories.

Suddenly, Karl realized that this was the place he had been searching for. Here, surrounded by strangers yet connected by the fire and the music, he finally felt at home.

He joined the group and began to relax. He sang songs, listened to stories, and felt the emptiness in his heart gradually disappear.

As the sun rose over the horizon and a new day dawned in Berlin, Karl knew that he was no longer a stranger. He had found a family, a community of people who accepted him just as he was.

And as he wandered through the streets of Berlin, Karl felt a deep gratitude for this city that had given him a new home, and for the people who had helped him find his place in it.

Der Geheimnisvolle Gärtner

In einem kleinen Dorf am Rande der Stadt lebte eine Frau namens Emma. Sie war eine freundliche und gesellige Person, die gerne Zeit in ihrem Garten verbrachte.

Jeden Tag arbeitete Emma liebevoll in ihrem Garten, pflanzte Blumen, zupfte Unkraut und kümmerte sich um ihre Pflanzen. Ihr Garten war ihr ganzer Stolz, und sie genoss es, ihn in voller Blüte zu sehen.

Eines Tages bemerkte Emma etwas Seltsames in ihrem Garten. Eine wunderschöne Rose blühte plötzlich in einem ihrer Blumenbeete, obwohl sie sie dort nie gepflanzt hatte.

Verwirrt, aber auch erfreut über die unerwartete Überraschung, beschloss Emma, die Rose zu pflegen und zu bewundern.

In den folgenden Tagen und Wochen blühte die Rose immer prächtiger und wurde zum Herzstück von Emmas Garten. Die anderen Dorfbewohner bewunderten die Rose und fragten Emma nach ihrem Geheimnis, aber sie konnte ihnen keine Erklärung geben.

Eines Tages, als Emma wieder in ihrem Garten arbeitete, hörte sie plötzlich eine sanfte Stimme hinter sich. Sie drehte sich um und sah einen älteren Mann, der sie freundlich anlächelte.

"Entschuldigen Sie die Störung", sagte der Mann höflich. "Aber ich konnte nicht umhin, Ihre wunderschöne Rose zu bemerken. Sie blüht so prächtig wie keine andere in Ihrem Garten."

Emma lächelte. "Ja, sie ist wirklich etwas Besonderes. Aber ich weiß nicht, wie sie dort hingekommen ist. Ich habe sie nie gepflanzt."

Der Mann lächelte geheimnisvoll. "Manchmal geschehen im Leben Dinge, die wir nicht erklären können", sagte er. "Vielleicht ist es das Werk eines geheimnisvollen Gärtners, der Ihr Herz mit seiner Schönheit erfreuen möchte."

Emma war neugierig geworden. "Ein geheimnisvoller Gärtner? Das klingt ja fast wie aus einem Märchen."

Der Mann nickte. "Manchmal sind die schönsten Geschichten wahr. Aber ich sollte gehen. Vielleicht sehen wir uns ja bald wieder."

Mit diesen Worten verschwand der Mann so plötzlich, wie er gekommen war, und ließ Emma allein in ihrem Garten zurück.

Emma konnte den geheimnisvollen Mann nicht vergessen und begann, über seine Worte nachzudenken. War es möglich, dass es tatsächlich einen geheimnisvollen Gärtner gab, der ihr Gartenzauber schenkte?

In den nächsten Tagen beobachtete Emma aufmerksam ihren Garten, aber sie sah niemanden außer den üblichen Vögeln und Insekten.

Doch eines Abends, als die Sonne unterging und der Himmel in warmen Farben leuchtete, sah Emma etwas Unglaubliches. Ein Schatten bewegte sich leise zwischen den Blumenbeeten, und eine Gestalt erschien aus dem Nichts.

Es war der geheimnisvolle Gärtner! Er streifte durch den Garten, pflückte Blumen und kümmerte sich liebevoll um die Pflanzen, als ob er ein Teil von ihnen wäre.

Emma konnte ihren Augen kaum trauen und beobachtete fasziniert, wie der geheimnisvolle Gärtner seine Arbeit fortsetzte. Sie spürte, wie ihr Herz vor Freude hüpfte und sie sich gesegnet fühlte, einen solchen Zauber in ihrem Garten zu erleben.

Als der geheimnisvolle Gärtner seine Arbeit beendet hatte, sah er Emma lächelnd an. "Ich hoffe, ich habe Ihnen eine Freude gemacht", sagte er freundlich.

Emma nickte eifrig. "Ja, das hast du auf jeden Fall! Ich weiß nicht, wie ich dir danken soll."

Der geheimnisvolle Gärtner lächelte geheimnisvoll. "Die Schönheit des Gartens gehört uns allen. Es ist ein Geschenk, das wir teilen sollten."

Mit diesen Worten verschwand der geheimnisvolle Gärtner wieder im Schatten und ließ Emma allein in ihrem glücklichen Garten zurück.

Von diesem Tag an war Emmas Garten noch schöner als zuvor. Die Blumen blühten prächtiger, und die Atmosphäre war erfüllt von einem Zauber, den nur Emma und der geheimnisvolle Gärtner zu verstehen schienen.

23

The Mysterious Gardener

In a small village on the outskirts of the city lived a woman named Emma. She was a friendly and sociable person who enjoyed spending time in her garden.

Every day, Emma lovingly worked in her garden, planting flowers, weeding, and tending to her plants. Her garden was her pride and joy, and she enjoyed seeing it in full bloom.

One day, Emma noticed something strange in her garden. A beautiful rose suddenly bloomed in one of her flower beds, although she had never planted it there.

Confused but also delighted by the unexpected surprise, Emma decided to care for and admire the rose.

In the following days and weeks, the rose bloomed more and more beautifully, becoming the centerpiece of Emma's garden. The other villagers admired the rose and asked Emma about her secret, but she could not give them an explanation.

One day, as Emma was working in her garden again, she suddenly heard a gentle voice behind her. She turned around and saw an older man smiling at her.

"Excuse me for intruding," said the man politely. "But I couldn't help but notice your beautiful rose. It blooms more splendidly than any other in your garden."

Emma smiled. "Yes, it is truly something special. But I don't know how it got there. I never planted it."

The man smiled mysteriously. "Sometimes things happen in life that we cannot explain," he said. "Perhaps it is the work of a mysterious gardener who wants to delight your heart with its beauty."

Emma became curious. "A mysterious gardener? That almost sounds like something out of a fairy tale."

The man nodded. "Sometimes the most beautiful stories are true. But I should be going. Perhaps we will meet again soon."

With these words, the man disappeared as suddenly as he had come, leaving Emma alone in her garden.

Emma couldn't forget the mysterious man and began to ponder his words. Was it possible that there really was a mysterious gardener who bestowed garden magic upon her?

In the following days, Emma watched her garden closely, but she saw no one except the usual birds and insects.

But one evening, as the sun was setting and the sky was aglow with warm colors, Emma saw something incredible. A shadow moved silently among the flower beds, and a figure appeared out of nowhere.

It was the mysterious gardener! He wandered through the garden, picking flowers and tenderly caring for the plants as if he were part of them.

Emma could hardly believe her eyes and watched fascinated as the mysterious gardener continued his work. She felt her heart leap with joy and felt blessed to experience such magic in her garden.

When the mysterious gardener had finished his work, he smiled at Emma. "I hope I have brought you joy," he said kindly.

Emma nodded eagerly. "Yes, you definitely have! I don't know how to thank you."

The mysterious gardener smiled mysteriously. "The beauty of the garden belongs to us all. It is a gift that we should share."

With these words, the mysterious gardener disappeared into the shadows again, leaving Emma alone in her happy garden.

From that day on, Emma's garden was even more beautiful than before. The flowers bloomed more splendidly, and the atmosphere was filled with a magic that only Emma and the mysterious gardener seemed to understand.

Das Geheimnis der Berliner Mauer

In den dunklen Stunden der Nacht lag Berlin still und ruhig da. Die Lichter der Stadt warfen ihre Schatten über die Straßen, während der Wind sanft durch die leeren Gassen wehte. Doch unter der scheinbaren Ruhe verbarg sich ein Geheimnis, das nur wenige kannten.

In einem verlassenen Gebäude nahe der Berliner Mauer traf sich eine geheime Gruppe von Menschen. Sie waren Männer und Frauen aus verschiedenen Teilen der Stadt, die sich zusammengetan hatten, um ein gemeinsames Ziel zu verfolgen: die Befreiung ihrer geliebten Stadt aus den Fängen der Unterdrückung.

Einer von ihnen war ein Mann namens Stefan. Er war ein ehemaliger Soldat, der den Mut und die Entschlossenheit besaß, den anderen in ihrem Kampf gegen die Mauer zu helfen. Sein Herz brannte vor Verlangen nach Freiheit und Gerechtigkeit, und er war bereit, alles zu riskieren, um sie zu erreichen.

Die Gruppe traf sich regelmäßig, um Pläne zu schmieden und Informationen auszutauschen. Sie kannten die Risiken, die mit ihrem Unterfangen verbunden waren, aber sie waren fest entschlossen, nicht aufzugeben, bis die Mauer fiel und Berlin wieder vereint war.

Eines Nachts, als Stefan und die anderen sich wieder einmal trafen, hörten sie ein Geräusch von draußen. Sie erstarrten vor Schreck und lauschten gespannt auf das, was da draußen vor sich ging.

Plötzlich hörten sie Schritte und Stimmen, die näher kamen. Stefan wusste, dass sie entdeckt worden waren und dass sie keine Zeit zu verlieren hatten.

"Schnell, wir müssen hier weg!" rief er den anderen zu und führte sie durch ein geheimes Labyrinth von Gängen und Tunneln, die unter der Stadt verliefen.

Sie liefen so schnell sie konnten, während das Geräusch der Verfolger ihnen im Nacken saß. Doch trotz aller Bemühungen konnten sie nicht verhindern, dass sie schließlich eingeholt wurden.

Als sie sich umdrehten, sahen sie eine Gruppe bewaffneter Männer, die ihnen gegenüberstanden. Stefan wusste, dass sie in großer Gefahr waren, aber er war entschlossen, sich nicht kampflos zu ergeben.

Mit einem lauten Schrei stürmte er auf die Männer zu, gefolgt von den anderen Mitgliedern der Gruppe. Ein wilder Kampf entbrannte, während sie gegen ihre Feinde kämpften, um ihre Freiheit zu verteidigen.

Die Schüsse hallten durch die dunklen Gassen, als Stefan und die anderen verzweifelt versuchten, ihren Gegnern standzuhalten. Doch trotz ihres Mut und ihrer Entschlossenheit waren sie in der Unterzahl und hatten wenig Hoffnung, den Kampf zu gewinnen.

Inmitten des Chaos und der Verzweiflung erinnerte sich Stefan an etwas, das er in einem alten Buch gelesen hatte. Es war ein Hinweis auf einen verborgenen Tunnel, der unter der Berliner Mauer hindurchführte und in die Freiheit jenseits der Stadtgrenzen führte.

Ohne zu zögern führte er die anderen zu dem versteckten Eingang des Tunnels und drängte sie hinein. Sie krochen durch die dunklen Gänge, während die Schüsse hinter ihnen verhallten und die Schreie ihrer Feinde immer leiser wurden.

Schließlich erreichten sie das Ende des Tunnels und standen vor der Mauer, die Berlin teilte. Doch anstatt sich entmutigen zu lassen, schöpften sie neuen Mut und Entschlossenheit aus der Aussicht auf die Freiheit, die jenseits der Mauer auf sie wartete.

Als die Sonne über den Horizont stieg und ein neuer Tag in Berlin anbrach, wussten Stefan und die anderen, dass ihr Kampf noch lange nicht vorbei war. Aber sie waren bereit, alles zu tun, um sicherzustellen, dass die Mauer eines Tages für immer fällt und Berlin wieder vereint wird.

The Secret of the Berlin Wall

In the dark hours of the night, Berlin lay still and quiet. The city lights cast their shadows over the streets, while the wind gently blew through the empty alleys. Yet beneath the apparent calm lay a secret known to few.

In an abandoned building near the Berlin Wall, a secret group of people met. They were men and women from different parts of the city who had come together to pursue a common goal: the liberation of their beloved city from the clutches of oppression.

One of them was a man named Stefan. He was a former soldier who possessed the courage and determination to help others in their fight against the Wall. His heart burned with desire for freedom and justice, and he was willing to risk everything to achieve it.

The group met regularly to make plans and exchange information. They knew the risks associated with their endeavor, but they were determined not to give up until the Wall fell and Berlin was reunited.

One night, as Stefan and the others met once again, they heard a noise from outside. They froze in fear and listened intently to what was happening outside.

Suddenly, they heard footsteps and voices approaching. Stefan knew they had been discovered and that they had no time to lose.

"Quick, we have to get out of here!" he shouted to the others, leading them through a secret labyrinth of corridors and tunnels that ran beneath the city.

They ran as fast as they could, with the sound of their pursuers close behind. But despite their efforts, they could not prevent themselves from being caught eventually.

As they turned around, they saw a group of armed men standing before them. Stefan knew they were in great danger, but he was determined not to surrender without a fight.

With a loud cry, he charged at the men, followed by the other members of the group. A fierce battle ensued as they fought against their enemies to defend their freedom.

Gunshots rang out through the dark alleys as Stefan and the others desperately tried to hold their ground against their foes. But despite their courage and determination, they were outnumbered and had little hope of winning the fight.

Amidst the chaos and despair, Stefan remembered something he had read in an old book. It was a clue to a hidden tunnel that ran beneath the Berlin Wall and led to freedom beyond the city limits.

Without hesitation, he led the others to the hidden entrance of the tunnel and urged them inside. They crawled through the dark passages as the gunshots faded behind them and the cries of their enemies grew fainter.

Finally, they reached the end of the tunnel and stood before the Wall that divided Berlin. But instead of being discouraged, they drew new courage and determination from the prospect of the freedom that awaited them on the other side.

As the sun rose over the horizon and a new day dawned in Berlin, Stefan and the others knew that their fight was far from over. But they were ready to do whatever it took to ensure that one day the Wall would fall forever and Berlin would be reunited.

Die Zeitreise

In den Straßen von Berlin passierte etwas Seltsames. Die Menschen bemerkten es zuerst nicht, aber bald wurde klar, dass die Zeit selbst aus den Fugen geriet.

Es begann mit kleinen Dingen. Uhren gingen plötzlich falsch, Fahrpläne waren durcheinander und Termine wurden verpasst. Die Leute waren verwirrt und wussten nicht, was vor sich ging.

Ein Mann namens Jonas war einer der ersten, der das Muster erkannte. Er war ein Forscher, der sich auf die Erforschung von Zeitphänomenen spezialisiert hatte, und er wusste, dass etwas Außergewöhnliches in Berlin geschah.

Jonas begann, die Straßen der Stadt zu durchstreifen, auf der Suche nach Hinweisen auf das, was passierte. Er beobachtete die Menschen um sich herum und bemerkte, wie sie sich seltsam verhielten, als ob sie von einer unsichtbaren Kraft beeinflusst würden.

Dann, eines Tages, während Jonas durch einen alten Park in Berlin spazierte, geschah etwas Unglaubliches. Er spürte plötzlich, wie die Zeit um ihn herum zu verschwimmen begann, und fand sich in einer anderen Ära wieder.

Er war in Berlin, aber es war nicht das Berlin, das er kannte. Die Straßen waren anders, die Gebäude verändert, und die Menschen trugen seltsame Kleidung.

Verblüfft sah sich Jonas um und versuchte zu verstehen, was passiert war. Dann erkannte er, dass er in die Vergangenheit gereist war, in eine Zeit, lange bevor er geboren wurde.

Fasziniert erkundete er die Straßen von Berlin und lernte die Menschen und die Kultur dieser vergangenen Ära kennen. Er sah, wie die Stadt sich im Laufe der Jahrhunderte verändert hatte und wie die Geschichte ihre Spuren hinterlassen hatte.

Doch während Jonas die Vergangenheit erkundete, spürte er eine unheimliche Präsenz, die ihn verfolgte. Er wusste, dass er nicht für immer in dieser Zeit bleiben konnte und dass er einen Weg zurück in die Gegenwart finden musste.

Mit Hilfe seiner Kenntnisse über Zeitphänomene begann Jonas, nach einem Weg zurück zu suchen. Er studierte alte Bücher und Karten, sprach mit den Menschen der Zeit und suchte nach Hinweisen, die ihm den Weg zurück weisen könnten.

Schließlich, nach vielen Tagen der Suche, fand er, wonach er suchte. Er entdeckte einen alten Tempel tief unter der Erde, der ein Portal in die Gegenwart barg.

Entschlossen trat er durch das Portal und fand sich wieder in den Straßen von Berlin, diesmal in seiner eigenen Zeit. Die Uhren tickten wieder normal, die Fahrpläne waren in Ordnung, und die Menschen gingen ihrem Alltag nach, als ob nichts geschehen wäre.

Jonas war erleichtert, dass er es geschafft hatte, in die Gegenwart zurückzukehren, aber er wusste, dass er nie vergessen würde, was er in der Vergangenheit erlebt hatte. Er hatte eine Reise durch die Zeit gemacht, die ihn für immer verändern würde.

Als er durch die Straßen von Berlin wanderte, dachte er über die Natur der Zeit nach und darüber, wie fragil sie war. Er wusste, dass er vielleicht nie verstehen würde, warum die Zeit aus den Fugen geraten war, aber er war dankbar, dass er die Gelegenheit gehabt hatte, ein Teil davon zu sein.

Time Travel

Something strange happened in the streets of Berlin. People didn't notice it at first, but soon it became clear that time itself was getting out of control.

It started with small things. Clocks suddenly went wrong, schedules were in disarray, and appointments were missed. People were confused and didn't know what was going on.

A man named Jonas was one of the first to recognize the pattern. He was a researcher specializing in the study of time phenomena, and he knew that something extraordinary was happening in Berlin.

Jonas began to roam the streets of the city, searching for clues to what was happening. He observed the people around him and noticed how they behaved strangely, as if influenced by an invisible force.

Then, one day, while Jonas was walking through an old park in Berlin, something incredible happened. He suddenly felt the time around him beginning to blur, and found himself in a different era.

He was in Berlin, but it wasn't the Berlin he knew. The streets were different, the buildings altered, and the people wore strange clothing.

Astounded, Jonas looked around, trying to understand what had happened. Then he realized that he had traveled back in time, to an era long before he was born.

Fascinated, he explored the streets of Berlin and got to know the people and the culture of this bygone era. He saw how the city had changed over the centuries and how history had left its mark.

But as Jonas explored the past, he felt an eerie presence following him. He knew that he couldn't stay in this time forever and that he had to find a way back to the present.

Using his knowledge of time phenomena, Jonas began to search for a way back. He studied old books and maps, talked to the people of the time, and searched for clues that could guide him back.

Finally, after many days of searching, he found what he was looking for. He discovered an old temple deep underground that housed a portal to the present.

Determined, he stepped through the portal and found himself back in the streets of Berlin, this time in his own time. The clocks ticked normally again, the schedules were in order, and people went about their daily lives as if nothing had happened.

Jonas was relieved that he had managed to return to the present, but he knew that he would never forget what he had experienced in the past. He had taken a journey through time that would forever change him.

As he wandered through the streets of Berlin, he thought about the nature of time and how fragile it was. He knew that he might never understand why time had gone out of control, but he was grateful that he had had the opportunity to be a part of it.

Der Sonnenstrahl im Regen

In einer kleinen Stadt an der Küste lebte eine Frau namens Anna. Sie verbrachte ihre Tage damit, allein in ihrer kleinen Wohnung zu sitzen und aus dem Fenster zu schauen.

Es schien immer zu regnen, und der Himmel war grau und düster. Anna fühlte sich eingesperrt und einsam, und sie wünschte sich nichts sehnlicher, als dem trüben Wetter zu entfliehen.

Eines Tages, als der Regen wieder einmal unaufhörlich gegen die Fensterscheiben prasselte, beschloss Anna, nach draußen zu gehen. Sie zog ihre Regenjacke an und machte sich auf den Weg zum nahegelegenen Strand.

Als sie den Strand erreichte, fühlte Anna sich sofort besser. Der Geruch von Salz und Algen lag in der Luft, und das Rauschen der Wellen hatte etwas Beruhigendes an sich.

Anna schlenderte den Strand entlang und ließ ihre Gedanken schweifen. Sie dachte daran, wie sie als kleines Mädchen am Strand gespielt hatte und wie frei sie sich damals gefühlt hatte.

Plötzlich bemerkte Anna einen Sonnenstrahl, der durch die dunklen Wolken brach und den Sand in goldenes Licht tauchte. Sie lächelte und spürte, wie sich eine Wärme in ihrem Herzen ausbreitete.

Der Sonnenstrahl erinnerte Anna daran, dass es auch in den dunkelsten Zeiten Lichtblicke gibt. Sie beschloss, diesen Moment zu genießen und sich nicht mehr von ihrer Einsamkeit und Traurigkeit unterkriegen zu lassen.

Anna setzte sich auf einen Felsen und beobachtete, wie die Wellen sanft an den Strand rollten. Sie fühlte sich ruhig und gelassen und wusste, dass alles gut werden würde.

Plötzlich hörte Anna eine Stimme hinter sich. Sie drehte sich um und sah einen Mann, der lächelnd auf sie zukam.

"Entschuldigen Sie die Störung", sagte der Mann höflich. "Aber ich konnte nicht umhin, den Sonnenstrahl zu bemerken, der Sie so glücklich macht. Darf ich mich zu Ihnen setzen?"

Anna lächelte und nickte. "Natürlich", sagte sie. "Es ist schön, jemanden zum Reden zu haben."

Der Mann setzte sich neben Anna auf den Felsen, und die beiden begannen ein Gespräch. Sie sprachen über das Leben, die Liebe und die Schönheit der Natur.

Anna fühlte sich wohl in seiner Gegenwart und genoss seine Gesellschaft. Sie spürte, wie sich eine Verbindung zwischen ihnen aufbaute, als ob sie sich schon seit Ewigkeiten kennen würden.

Als die Sonne langsam unterging und der Himmel in warmen Farben leuchtete, stand der Mann auf und streckte Anna seine Hand entgegen.

"Komm", sagte er sanft. "Lass uns den Sonnenuntergang gemeinsam genießen."

Anna lächelte und nahm seine Hand. Gemeinsam gingen sie den Strand entlang und sahen zu, wie die Sonne langsam hinter dem Horizont verschwand.

In diesem Moment wusste Anna, dass sie nicht mehr allein war. Sie hatte einen Freund gefunden, der sie verstand und der sie so nahm, wie sie war. Und so endet die Geschichte von Anna und dem Sonnenstrahl im Regen, die zeigt, dass selbst in den dunkelsten Zeiten ein Licht am Horizont leuchtet, das uns Hoffnung und Trost spendet.

The Sunbeam in the Rain

In a small coastal town lived a woman named Anna. She spent her days sitting alone in her small apartment, gazing out of the window.

It always seemed to rain, and the sky was gray and gloomy. Anna felt trapped and lonely, wishing for nothing more than to escape the dreary weather.

One day, as the rain poured relentlessly against the window panes, Anna decided to go outside. She put on her raincoat and headed to the nearby beach.

Upon reaching the beach, Anna immediately felt better. The scent of salt and seaweed filled the air, and the sound of the waves had a calming effect.

Anna strolled along the beach, letting her thoughts wander. She remembered playing on the beach as a little girl and how free she had felt back then.

Suddenly, Anna noticed a sunbeam breaking through the dark clouds, casting the sand in golden light. She smiled and felt warmth spreading in her heart.

The sunbeam reminded Anna that even in the darkest times, there are rays of light. She decided to enjoy this moment and not let her loneliness and sadness get the best of her.

Anna sat down on a rock and watched as the waves gently rolled onto the shore. She felt calm and serene, knowing that everything would be okay.

Suddenly, Anna heard a voice behind her. She turned around and saw a man approaching with a smile.

"Excuse me for intruding," said the man politely. "But I couldn't help but notice the sunbeam making you so happy. May I join you?"

Anna smiled and nodded. "Of course," she said. "It's nice to have someone to talk to."

The man sat down next to Anna on the rock, and the two began to chat. They talked about life, love, and the beauty of nature.

Anna felt comfortable in his presence and enjoyed his company. She felt a connection building between them, as if they had known each other for ages.

As the sun slowly set and the sky lit up in warm colors, the man stood up and extended his hand to Anna.

"Come," he said gently. "Let's enjoy the sunset together."

Anna smiled and took his hand. Together, they walked along the beach, watching as the sun slowly disappeared below the horizon.

In that moment, Anna knew that she was no longer alone. She had found a friend who understood her and accepted her just as she was.

And so ends the story of Anna and the sunbeam in the rain, showing that even in the darkest times, there is a light at the end of the tunnel that gives us hope and comfort.

Die Magie von Berlin

Es war einmal in Berlin, einer Stadt voller Geschichten und Geheimnisse. In den engen Gassen und den lebhaften Plätzen tanzten die Schatten der Vergangenheit mit der Lebendigkeit der Gegenwart.

In einem kleinen Café am Alexanderplatz saß eine junge Frau namens Anna.

Während sie ihren Kaffee nippte, beobachtete Anna das Treiben um sich herum. Sie sah die Menschen, die vorbeizogen, und lauschte den Gesprächen, die in verschiedenen Sprachen geführt wurden.

Plötzlich bemerkte sie einen alten Mann, der am Nachbartisch saß. Er hatte ein freundliches Gesicht und funkelnde Augen, die Geschichten zu erzählen schienen.

Der alte Mann hieß Friedrich und war ein echter Berliner durch und durch. Er kannte jede Ecke der Stadt und hatte unzählige Geschichten zu erzählen, von den turbulenten Jahren der Nachkriegszeit bis hin zu den glanzvollen Momenten des Wiederaufbaus.

Während Friedrich sprach, spürte Anna, wie die Magie Berlins sie umfing. Sie fühlte sich verbunden mit den Menschen und der Geschichte dieser faszinierenden Stadt.

Als der Abend hereinbrach, lud Friedrich Anna ein, mit ihm auf einen Spaziergang durch Berlin zu gehen. Sie schlenderten durch die beleuchteten Straßen, vorbei an historischen Gebäuden und modernen Kunstwerken, und ließen sich von der Atmosphäre der Stadt verzaubern.

Auf dem Weg erzählte Friedrich Anna von den Legenden und Mythen, die Berlin umgaben. Er sprach von versteckten Schätzen und geheimen Orten, die nur denjenigen bekannt waren, die bereit waren, die Magie der Stadt zu spüren.

Als sie schließlich am Ufer der Spree ankamen, blieben sie stehen und blickten auf das glitzernde Wasser. Anna spürte, wie die Magie Berlins sie umfing und sie einen Moment lang den Atem anhielt.

Plötzlich hörten sie Musik in der Ferne. Sie folgten dem Klang und fanden sich auf einem belebten Platz wieder, wo Menschen tanzten und lachten und das Leben in vollen Zügen genossen.

Anna und Friedrich tanzten gemeinsam unter dem Sternenhimmel, verloren in der Magie des Moments und der Schönheit der Stadt um sie herum. Sie fühlten sich lebendig und frei, als ob nichts auf der Welt sie zurückhalten könnte.

Als die Nacht fortschritt und die Sterne über Berlin erstrahlten, wusste Anna, dass sie einen besonderen Ort gefunden hatte, an dem sie sich zu Hause fühlte. Sie spürte die Magie der Stadt in sich und wusste, dass sie für immer ein Teil von Berlin sein würde.

The Magic of Berlin

Once upon a time in Berlin, a city full of stories and secrets. In the narrow alleys and lively squares, the shadows of the past danced with the vibrancy of the present.

In a small café at Alexanderplatz sat a young woman named Anna.

As she sipped her coffee, Anna watched the hustle and bustle around her. She saw the people passing by and listened to the conversations being held in different languages.

Suddenly, she noticed an old man sitting at the next table. He had a friendly face and sparkling eyes that seemed to tell stories.

The old man's name was Friedrich, and he was a true Berliner through and through. He knew every corner of the city and had countless stories to tell, from the turbulent years of the post-war period to the glorious moments of reconstruction.

As Friedrich spoke, Anna felt the magic of Berlin enveloping her. She felt connected to the people and the history of this fascinating city.

As night fell, Friedrich invited Anna to take a walk with him through Berlin. They strolled through the illuminated streets, past historic buildings and modern artworks, allowing themselves to be enchanted by the city's atmosphere.

Along the way, Friedrich told Anna about the legends and myths surrounding Berlin. He spoke of hidden treasures and secret places known only to those who were willing to feel the city's magic.

When they finally arrived at the banks of the Spree, they stopped and looked out over the sparkling water. Anna felt the magic of Berlin enveloping her, holding her breath for a moment.

Suddenly, they heard music in the distance. They followed the sound and found themselves in a bustling square, where people danced and laughed, enjoying life to the fullest.

Anna and Friedrich danced together under the starry sky, lost in the magic of the moment and the beauty of the city around them. They felt alive and free, as if nothing in the world could hold them back.

As the night wore on and the stars shone over Berlin, Anna knew that she had found a special place where she felt at home. She felt the magic of the city within her and knew that she would forever be a part of Berlin.

Der Traum vom Fliegen

In einem kleinen Dorf lebte ein junger Mann namens Lukas. Lukas träumte schon seit seiner Kindheit davon, zu fliegen wie ein Vogel.

Jeden Tag sah er die Vögel am Himmel fliegen und fühlte sich frei. Er sehnte sich danach, die Welt von oben zu betrachten und die Wolken zu berühren.

Eines Tages beschloss Lukas, seinen Traum zu verwirklichen. Er machte sich auf den Weg zum höchsten Berg des Dorfes und kletterte mutig bis zum Gipfel.

Dort angekommen, breitete er seine Arme aus und schloss die Augen. Er stellte sich vor, wie er durch die Lüfte schwebte und den Wind in seinem Gesicht spürte.

Aber als Lukas die Augen öffnete, war er immer noch auf dem Berggipfel und der Himmel schien unerreichbar weit entfernt zu sein.

Enttäuscht setzte sich Lukas hin und dachte darüber nach, wie er seinen Traum verwirklichen könnte. Er wusste, dass es nicht einfach sein würde, aber er gab nicht auf.

In den nächsten Tagen sprach Lukas mit den Dorfbewohnern und fragte nach ihrer Meinung. Einige lachten ihn aus und sagten, dass fliegen nur den Vögeln vorbehalten sei.

Aber andere ermutigten ihn und sagten, dass jeder seinen eigenen Weg zum Fliegen finden müsse. Lukas war dankbar für ihre Worte und beschloss, weiter nach einer Lösung zu suchen.

Eines Abends saß Lukas am Lagerfeuer und beobachtete die Flammen, die in den Himmel tanzten. Plötzlich hatte er eine Idee.

Er würde einen Drachen bauen und mit ihm in die Lüfte steigen! Es war eine verrückte Idee, aber Lukas war fest entschlossen, es zu versuchen.

Am nächsten Tag machte sich Lukas auf den Weg zum Wald, um nach geeigneten Materialien für seinen Drachen zu suchen. Er sammelte Holz, Papier und Seile und begann, seinen Drachen zu bauen.

Es war harte Arbeit, aber Lukas war voller Eifer und gab nicht auf. Tag und Nacht arbeitete er an seinem Drachen, bis er schließlich fertig war.

Der Drachen sah wunderschön aus, mit bunten Farben und großen Flügeln. Lukas war stolz auf seine Arbeit und konnte es kaum erwarten, ihn fliegen zu lassen.

Am nächsten Tag war das Wetter perfekt zum Fliegen. Der Himmel war klar, und der Wind wehte sanft über die Felder.

Lukas ging mit seinem Drachen zum höchsten Hügel des Dorfes und breitete ihn vor sich aus. Er spürte, wie sein Herz vor Aufregung schneller schlug.

Mit einem kräftigen Ruck ließ Lukas den Drachen steigen, und sofort stieg er in die Luft auf. Lukas hielt das Seil fest in seinen Händen und lief dem Drachen nach.

Er spürte, wie der Drachen sich im Wind bewegte und höher und höher stieg.

Lukas lachte vor Freude und fühlte sich frei wie ein Vogel. Er schwebte über die Felder und Wälder und genoss den Blick auf die Welt von oben.

Aber plötzlich spürte Lukas, wie der Drachen anfing zu zittern. Er wurde unruhig und begann, wild hin und her zu flattern.

Lukas wurde nervös und versuchte, den Drachen zu beruhigen, aber es war zu spät. Plötzlich löste sich das Seil, und der Drachen stieg immer höher in den Himmel.

Er fühlte sich traurig und enttäuscht, dass sein Traum so schnell vorbei war.

Aber dann erinnerte er sich an die Worte der Dorfbewohner: Jeder muss seinen eigenen Weg zum Fliegen finden.

Lukas lächelte und beschloss, nicht aufzugeben. Vielleicht hatte er den Drachen verloren, aber er hatte immer noch seinen Traum.

The Dream of Flying

In a small village lived a young man named Lukas. Lukas had been dreaming of flying like a bird since his childhood.

Every day, he watched the birds flying in the sky and felt free. He longed to see the world from above and touch the clouds.

One day, Lukas decided to make his dream come true. He set out for the highest mountain in the village and bravely climbed to the summit.

Once there, he spread his arms and closed his eyes. He imagined himself soaring through the air, feeling the wind on his face.

But when Lukas opened his eyes, he was still on the mountain top, and the sky seemed impossibly far away.

Disappointed, Lukas sat down and pondered how he could fulfill his dream. He knew it wouldn't be easy, but he didn't give up.

In the following days, Lukas spoke to the villagers, asking for their opinions. Some laughed at him, saying that flying was reserved for birds only.

But others encouraged him, saying that everyone had to find their own way to fly. Lukas was grateful for their words and resolved to continue searching for a solution.

One evening, Lukas sat by the campfire, watching the flames dancing in the sky. Suddenly, he had an idea.

He would build a kite and fly it into the air! It was a crazy idea, but Lukas was determined to try.

The next day, Lukas set out to the forest to find suitable materials for his kite. He collected wood, paper, and ropes and began to build his kite.

It was hard work, but Lukas was eager and didn't give up. Day and night, he worked on his kite until it was finally finished.

The kite looked beautiful, with colorful patterns and large wings. Lukas was proud of his work and couldn't wait to fly it.

The next day, the weather was perfect for flying. The sky was clear, and the wind blew gently across the fields.

Lukas took his kite to the highest hill in the village and laid it out in front of him. He felt his heart beat faster with excitement.

With a strong pull, Lukas let the kite soar, and immediately it rose into the air. Lukas held the rope firmly in his hands and ran after the kite.

He felt the kite move in the wind, rising higher and higher.

Lukas laughed with joy and felt as free as a bird. He floated above the fields and forests, enjoying the view of the world from above.

But suddenly, Lukas felt the kite start to tremble. It became restless and began to flutter wildly.

Lukas grew nervous and tried to calm the kite, but it was too late. Suddenly, the rope came loose, and the kite soared higher and higher into the sky.

He felt sad and disappointed that his dream had ended so quickly.

But then he remembered the words of the villagers: Everyone has to find their own way to fly.

Lukas smiled and resolved not to give up. Perhaps he had lost the kite, but he still had his dream.

Der Straßenmusiker

Es war eine kalte Nacht in Berlin, als der Straßenmusiker Luca seine Geige auspackte und sich auf den belebten Platz am Alexanderplatz stellte. Er war ein einsamer Mann, der seine Musik spielte, um die Einsamkeit zu vertreiben und die Herzen der Menschen zu berühren.

Luca spielte mit Leidenschaft und Hingabe, seine Geige sang von Liebe und Sehnsucht, von Hoffnung und Verzweiflung. Die Menschen blieben stehen und lauschten seinen Klängen, verzaubert von der Schönheit seiner Musik.

Unter den Zuhörern war auch eine junge Frau namens Emma. Sie war eine Träumerin, die sich nach Abenteuern und Romantik sehnte, und die Musik von Luca sprach direkt zu ihrem Herzen.

Als Luca sein Lied beendete, trat Emma zu ihm und lächelte. "Deine Musik ist wunderschön", sagte sie mit sanfter Stimme. "Sie berührt mich auf eine ganz besondere Weise."

Luca lächelte zurück und dankte Emma für ihre Worte. Er spürte eine Verbindung zu ihr, eine Verbindung, die er schon lange nicht mehr gespürt hatte.

Die beiden begannen zu reden, und schnell stellten sie fest, dass sie viele Gemeinsamkeiten hatten. Sie teilten ihre Träume und Hoffnungen miteinander und fühlten sich, als ob sie sich schon seit Ewigkeiten kennen würden.

Luca lud Emma ein, mit ihm durch die Straßen von Berlin zu schlendern. Sie nahm seine Einladung freudig an und zusammen erkundeten sie die versteckten Gassen und geheimen Plätze der Stadt.

Unterwegs erzählte Luca Emma von seiner Kindheit in Italien und von seiner Leidenschaft für die Musik. Emma hörte gespannt zu und fühlte sich von Lucas Geschichten und seiner warmen Stimme verzaubert.

Als sie schließlich zum Ufer der Spree kamen, setzten sie sich ans Ufer und schauten auf das glitzernde Wasser. Die Lichter der Stadt spiegelten sich darin wider, und für einen Moment fühlten sich Luca und Emma wie die einzigen Menschen auf der Welt.

Luca nahm seine Geige und begann zu spielen, sein Lied klang wie ein Liebesbrief an die Stadt Berlin, an die Menschen, die hier lebten, und an die Träume, die sie verbanden.

Emma schloss die Augen und ließ sich von der Musik mitreißen. Sie fühlte sich lebendig und frei, als ob nichts auf der Welt sie zurückhalten könnte.

Als Luca sein Lied beendete, öffnete Emma die Augen und lächelte. "Danke, dass du mir Berlin auf diese Weise gezeigt hast", sagte sie leise. "Es war ein unvergesslicher Abend."

Luca lächelte zurück und griff nach Emmas Hand. "Ich bin froh, dass ich dich getroffen habe", sagte er. "Vielleicht können wir noch viele Abenteuer zusammen erleben."

Emma nickte und drückte Lucas Hand. Sie wusste, dass sie einen besonderen Menschen getroffen hatte, jemanden, der ihr Leben für immer verändern würde.

Und so verbrachten Luca und Emma den Rest der Nacht damit, durch die Straßen von Berlin zu schlendern, Hand in Hand und verbunden durch die Kraft der Musik und die Magie der Stadt.

The Street Musician

It was a cold night in Berlin when the street musician Luca unpacked his violin and positioned himself in the busy square at Alexanderplatz. He was a lonely man who played his music to drive away loneliness and touch the hearts of people.

Luca played with passion and dedication, his violin sang of love and longing, of hope and despair. People stopped and listened to his melodies, enchanted by the beauty of his music.

Among the listeners was a young woman named Emma. She was a dreamer who longed for adventures and romance, and Luca's music spoke directly to her heart.

As Luca finished his song, Emma approached him and smiled. "Your music is beautiful," she said softly. "It touches me in a very special way."

Luca smiled back and thanked Emma for her words. He felt a connection to her, a connection he hadn't felt in a long time.

The two began to talk, and quickly they realized they had much in common. They shared their dreams and hopes with each other and felt as if they had known each other for eternity.

Luca invited Emma to stroll with him through the streets of Berlin. She gladly accepted his invitation, and together they explored the hidden alleys and secret places of the city.

Along the way, Luca told Emma about his childhood in Italy and his passion for music. Emma listened eagerly, enchanted by Luca's stories and his warm voice.

When they finally reached the banks of the Spree, they sat down by the shore and looked out at the sparkling water. The lights of the city reflected in it, and for a moment Luca and Emma felt like the only people in the world.

Luca took his violin and began to play, his song sounding like a love letter to the city of Berlin, to the people who lived here, and to the dreams that connected them.

Emma closed her eyes and let herself be carried away by the music. She felt alive and free, as if nothing in the world could hold her back.

As Luca finished his song, Emma opened her eyes and smiled. "Thank you for showing me Berlin in this way," she said softly. "It was an unforgettable evening."

Luca smiled back and reached for Emma's hand. "I'm glad I met you," he said. "Perhaps we can experience many adventures together."

Emma nodded and squeezed Luca's hand. She knew she had met a special person, someone who would change her life forever.

And so Luca and Emma spent the rest of the night strolling through the streets of Berlin, hand in hand and connected by the power of music and the magic of the city.

Der Traumfänger von Berlin

In den engen Gassen von Berlin, wo die Geschichte in den Mauern flüstert und die Zukunft in den Augen der Menschen liegt, lebte ein junger Mann namens David. Er war ein Träumer, dessen Herz nach den Sternen griff und dessen Gedanken in den Wolken schwebten.

Jeden Tag schlenderte David durch die Straßen der Stadt, auf der Suche nach Inspiration und Abenteuern. Er liebte es, die versteckten Ecken von Berlin zu erkunden und die Geschichten zu hören, die die alten Gemäuer zu erzählen hatten.

Eines Tages, als die Sonne über Berlin aufging und die Stadt in goldenes Licht tauchte, traf David eine alte Frau auf der Straße. Sie trug einen bunten Rock und eine Tasche voller Träume, die im Wind flatterten.

"Was suchst du, junger Mann?", fragte die alte Frau mit einem geheimnisvollen Lächeln.

David zögerte einen Moment, dann antwortete er: "Ich suche nach meinem Schicksal, nach meinem Platz in dieser Welt."

Die alte Frau lächelte und reichte David eine kleine Feder. "Nimm dies", sagte sie sanft. "Es ist ein Traumfänger, der dir helfen wird, deine Träume zu finden und zu verwirklichen."

David nahm die Feder dankbar an und steckte sie in seine Tasche. Er wusste nicht, was er von diesem Geschenk halten sollte, aber etwas in seinem Herzen sagte ihm, dass es etwas Besonderes war.

In den folgenden Tagen begann David, die Feder überall hin mitzunehmen. Er spazierte durch die Straßen von Berlin, betrachtete die Wolken am Himmel und ließ seine Gedanken in die Ferne schweifen.

Eines Abends, als er auf einer Bank am Ufer der Spree saß, schloss David die Augen und hielt die Feder fest in seiner Hand. Er konzentrierte sich auf seine Träume und Wünsche, ließ sie in seinem Herzen tanzen wie die Lichter von Berlin bei Nacht.

Plötzlich spürte er, wie sich etwas in ihm bewegte, wie ein Funke, der zum Leben erwachte. Er öffnete die Augen und sah auf den Fluss, wo das Wasser im Mondlicht glitzerte und die Stadt im Glanz der Sterne erstrahlte.

In diesem Moment wusste David, dass er gefunden hatte, wonach er gesucht hatte. Er spürte die Kraft seiner Träume, die ihn trugen wie der Wind die Feder im Sturm.

Von diesem Tag an verfolgte David seine Träume mit Entschlossenheit und Leidenschaft. Er begann, seine Gedanken in Worte zu fassen und seine Visionen in die Welt zu tragen.

Er schrieb Gedichte über die Schönheit von Berlin, malte Bilder von den Farben der Stadt und sang Lieder über die Sehnsüchte der Menschen.

Er wurde zu einem Teil des pulsierenden Lebens von Berlin, zu einem Traumfänger, der die Träume der Menschen einfing und ihnen Flügel verlieh.

Jeden Abend, wenn die Sonne über Berlin unterging und die Stadt in warmes Abendlicht tauchte, stand David am Ufer der Spree und betrachtete die Lichter der Stadt.

Und während die Sterne über Berlin strahlten und die Nacht ihr Geheimnis offenbarte, breitete David seine Flügel aus und flog in die unendlichen Weiten seiner Träume, bereit, die Welt zu erobern und sein Schicksal zu leben.

The Dreamcatcher of Berlin

In the narrow streets of Berlin, where history whispers in the walls and the future lies in the eyes of the people, lived a young man named David. He was a dreamer, whose heart reached for the stars and whose thoughts floated in the clouds.

Every day, David strolled through the streets of the city, searching for inspiration and adventures. He loved exploring the hidden corners of Berlin and hearing the stories that the old buildings had to tell.

One day, as the sun rose over Berlin and bathed the city in golden light, David met an old woman on the street. She wore a colorful skirt and carried a bag full of dreams that fluttered in the wind.

"What are you searching for, young man?" asked the old woman with a mysterious smile.

David hesitated for a moment, then replied, "I am searching for my destiny, for my place in this world."

The old woman smiled and handed David a small feather. "Take this," she said gently. "It is a dreamcatcher that will help you find and fulfill your dreams."

David gratefully accepted the feather and tucked it into his pocket. He didn't know what to make of this gift, but something in his heart told him it was special.

In the days that followed, David began to carry the feather with him everywhere. He walked through the streets of Berlin, gazing at the clouds in the sky and letting his thoughts wander into the distance.

One evening, as he sat on a bench by the banks of the Spree, David closed his eyes and held the feather tightly in his hand. He focused on his dreams and desires, letting them dance in his heart like the lights of Berlin at night.

Suddenly, he felt something stirring within him, like a spark coming to life. He opened his eyes and looked out at the river, where the water glittered in the moonlight and the city sparkled in the glow of the stars.

In that moment, David knew he had found what he was looking for. He felt the power of his dreams, carrying him like the wind carries the feather in the storm.

From that day on, David pursued his dreams with determination and passion. He began to put his thoughts into words and to share his visions with the world.

He wrote poems about the beauty of Berlin, painted pictures of the colors of the city, and sang songs about the yearnings of the people. He became a part of the vibrant life of Berlin, a dreamcatcher who caught the dreams of the people and gave them wings.

Every evening, as the sun set over Berlin and bathed the city in warm evening light, David stood by the banks of the Spree and looked out at the lights of the city.

And as the stars shone over Berlin and the night revealed its secrets, David spread his wings and flew into the infinite expanse of his dreams, ready to conquer the world and live his destiny.

Ein Tag am Fluss

Es war ein warmer Sommertag in einer kleinen Stadt, und Peter beschloss, einen Ausflug zum Fluss zu machen. Er packte eine Picknickdecke, eine Flasche Wasser und ein Buch ein und machte sich auf den Weg.

Der Fluss lag ruhig da, umgeben von grünen Bäumen und blühenden Blumen. Peter fand einen schönen Platz am Ufer, breitete seine Decke aus und setzte sich hin, um die Ruhe und Stille zu genießen.

Er beobachtete die Enten, die gemächlich auf dem Wasser trieben, und lauschte dem sanften Rauschen der Blätter im Wind. Es war ein friedlicher Ort, weit weg von der Hektik der Stadt.

Peter öffnete sein Buch und begann zu lesen, während er gelegentlich einen Schluck Wasser trank. Die Sonne schien warm auf seine Haut, und er fühlte sich glücklich und zufrieden.

Plötzlich hörte er Stimmen in der Ferne und sah zwei Männer, die am Fluss entlang spazierten. Sie hatten Angeln dabei und schienen entschlossen, einen guten Fang zu machen.

Peter beobachtete die Männer eine Weile, bevor er sich wieder seinem Buch zuwandte. Er mochte die Ruhe und Stille am Fluss, und er wollte nicht gestört werden.

Aber die Männer kamen näher und begannen, lauter zu reden. Sie warfen ihre Angelruten aus und warteten geduldig auf einen Biss.

Peter seufzte leise und versuchte, sich wieder auf sein Buch zu konzentrieren. Aber die Stimmen der Männer wurden immer lauter, und er konnte sich nicht mehr auf den Text konzentrieren.

Schließlich stand er auf und ging zu den Männern hinüber. "Entschuldigung", sagte er höflich. "Könntet ihr vielleicht ein bisschen leiser sein? Ich versuche zu lesen und die Ruhe zu genießen."

Die Männer sahen ihn überrascht an, aber dann lächelte einer von ihnen. "Natürlich, kein Problem", sagte er. "Wir werden versuchen, leiser zu sein."

Peter nickte dankbar und kehrte zu seiner Decke zurück. Die Männer sprachen leiser und hörten auf, ihre Angelruten zu bewegen, um den Frieden am Fluss nicht zu stören.

Peter setzte sich wieder hin und vertiefte sich in sein Buch. Die Sonne begann langsam unterzugehen, und er genoss die Ruhe und Stille am Fluss.

Als es Zeit wurde, nach Hause zu gehen, stand Peter auf und packte seine Sachen zusammen. Er lächelte den Männern zu, die ihm freundlich zunickten.

"Vielen Dank", sagte er. "Ich wünsche euch noch viel Glück beim Angeln."

Die Männer lächelten zurück und bedankten sich höflich. Peter machte sich auf den Heimweg, glücklich über den friedlichen Tag am Fluss.

A Day by the River

It was a warm summer day in a small town, and Peter decided to take a trip to the river. He packed a picnic blanket, a bottle of water, and a book and set off.

The river lay calm, surrounded by green trees and blooming flowers. Peter found a nice spot by the shore, spread out his blanket, and sat down to enjoy the peace and quiet.

He watched the ducks floating lazily on the water and listened to the gentle rustling of the leaves in the wind. It was a peaceful place, far away from the hustle and bustle of the city.

Peter opened his book and began to read, occasionally taking a sip of water. The sun shone warmly on his skin, and he felt happy and content.

Suddenly, he heard voices in the distance and saw two men walking along the river. They had fishing rods with them and seemed determined to make a good catch.

Peter watched the men for a while before returning to his book. He liked the peace and quiet by the river, and he didn't want to be disturbed.

But the men came closer and started talking louder. They cast their fishing rods and waited patiently for a bite.

Peter sighed softly and tried to focus on his book again. But the men's voices grew louder, and he couldn't concentrate on the text anymore.

Finally, he stood up and walked over to the men. "Excuse me," he said politely. "Could you please be a little quieter? I'm trying to read and enjoy the peace."

The men looked at him surprised, but then one of them smiled. "Of course, no problem," he said. "We'll try to be quieter."

Peter nodded gratefully and returned to his blanket. The men spoke more quietly and stopped moving their fishing rods to not disturb the peace by the river.

Peter sat back down and immersed himself in his book. The sun began to set slowly, and he enjoyed the peace and quiet by the river.

As it was time to go home, Peter stood up and packed his things. He smiled at the men, who nodded kindly.

"Thank you," he said. "I wish you good luck with your fishing."

The men smiled back and thanked him politely. Peter made his way home, happy about the peaceful day by the river.

9 798822 459548